Small Cross Stitch Ornaments

by Kay Goodnight

Copyright © 2024 by Dusty Shadow Publishing

All rights reserved.

ISBN: 978-1-958494-06-6

About the Patterns

- Stated finished sizes are based on stitching the patterns on 14 count Aida.
- DMC floss is used for all patterns.
- For color reference refer to the images on the front and back covers.
- General Information for each pattern includes the finished size in inches, the length and width of the pattern in stitches, the number of stitches required to complete each pattern, and the number of different colors (skeins) used.

Supplies

- 14 count Aida cloth
- Cross stitch needles
- Embroidery hoop (optional)
- DMC floss (see each pattern colors needed to complete each design).

More Patterns by Dusty Shadow Publishing

Books

Etsy

Cross Stitch Cats

CrossStitchInnShop

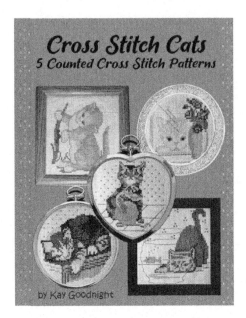

Section 1 – Miniatures

These patterns have fewer than 1,000 stitches and range from 1" by 1" to 3" by 3". Ideas for using your finished project include ornaments, small wall art, quilting blocks, gift tags, and jar lids.

Section 1 Patterns List

1   Reindeer

2   Santa

3   Snowman

4   Penguin

5   Poinsettia/Noel

6   Small Christmas Tree

7   Holly

8   Let it Snow

9   Merry and Bright

10   Merry Christmas

11   Peppermint

12   Santa's Cookies

13   Candles

14   Jingle Bells

15   Noel

16   Candy Cane

17   Santa's Hat

18   Gnome

19   Snowflake

20   Zuzu's Petals

Reindeer

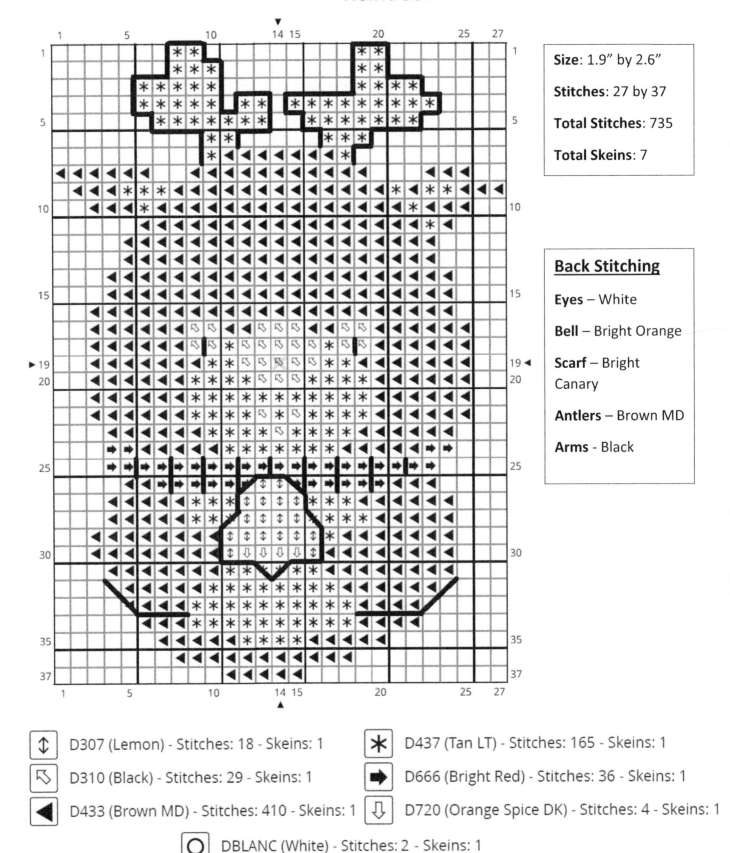

Size: 1.9" by 2.6"

Stitches: 27 by 37

Total Stitches: 735

Total Skeins: 7

Back Stitching

Eyes – White

Bell – Bright Orange

Scarf – Bright Canary

Antlers – Brown MD

Arms - Black

↕	D307 (Lemon) - Stitches: 18 - Skeins: 1	✳	D437 (Tan LT) - Stitches: 165 - Skeins: 1
↘	D310 (Black) - Stitches: 29 - Skeins: 1	➡	D666 (Bright Red) - Stitches: 36 - Skeins: 1
◀	D433 (Brown MD) - Stitches: 410 - Skeins: 1	⇩	D720 (Orange Spice DK) - Stitches: 4 - Skeins: 1
○	DBLANC (White) - Stitches: 2 - Skeins: 1		

Santa

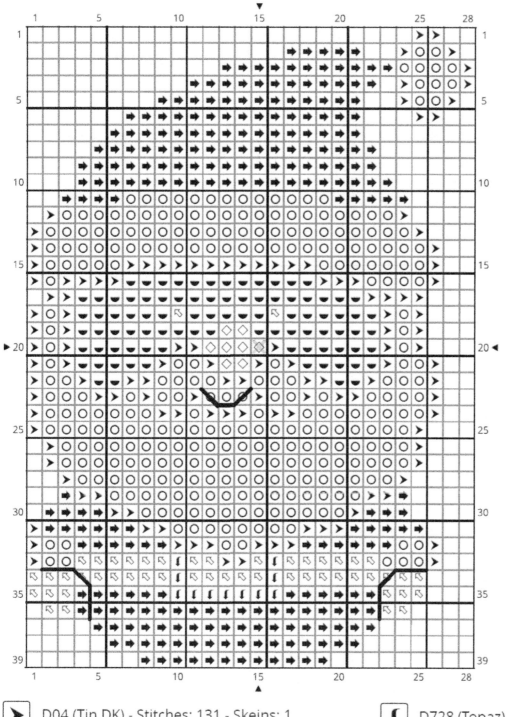

Size: 1.9" by 2.8"

Stitches: 27 by 39

Total Stitches: 832

Total Skeins: 7

Back Stitching

Mouth – Pink MD

Hands – Tin DK

>	D04 (Tin DK) - Stitches: 131 - Skeins: 1
⌣	D225 (Shell Pink UL VY LT) - Stitches: 90 - Skeins: 1
↖	D310 (Black) - Stitches: 49 - Skeins: 1
➡	D666 (Bright Red) - Stitches: 239 - Skeins: 1
∫	D728 (Topaz) - Stitches: 11 - Skeins: 1
◇	D776 (Pink MD) - Stitches: 8 - Skeins: 1
O	DBLANC (White) - Stitches: 301 - Skeins: 1

Snowman

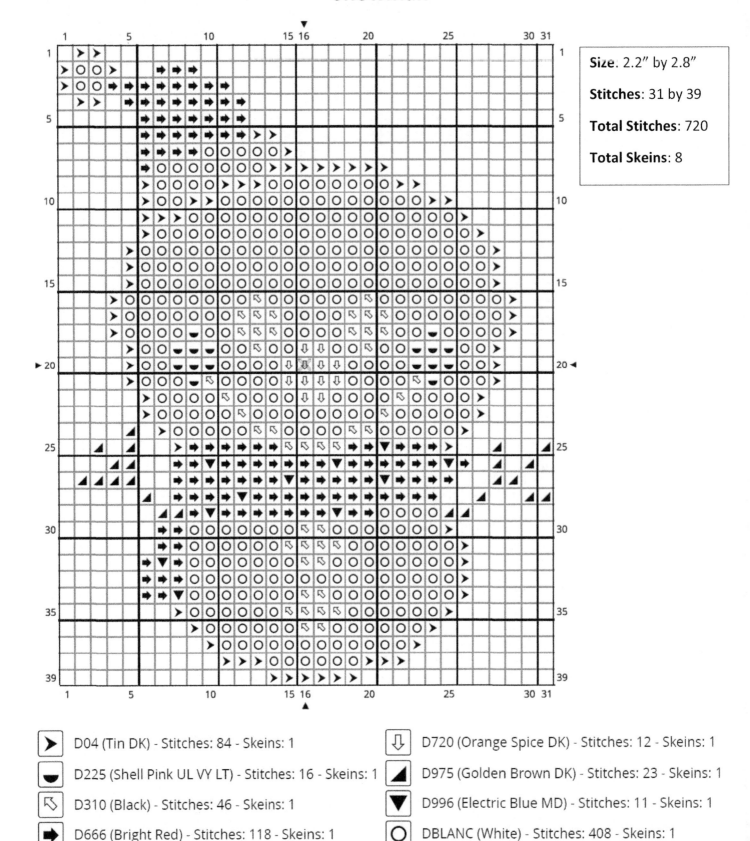

Size: 2.2" by 2.8"

Stitches: 31 by 39

Total Stitches: 720

Total Skeins: 8

❯	D04 (Tin DK) - Stitches: 84 - Skeins: 1	
⌣	D225 (Shell Pink UL VY LT) - Stitches: 16 - Skeins: 1	
⬉	D310 (Black) - Stitches: 46 - Skeins: 1	
➡	D666 (Bright Red) - Stitches: 118 - Skeins: 1	
⬇	D720 (Orange Spice DK) - Stitches: 12 - Skeins: 1	
◣	D975 (Golden Brown DK) - Stitches: 23 - Skeins: 1	
▼	D996 (Electric Blue MD) - Stitches: 11 - Skeins: 1	
O	DBLANC (White) - Stitches: 408 - Skeins: 1	

Penguin

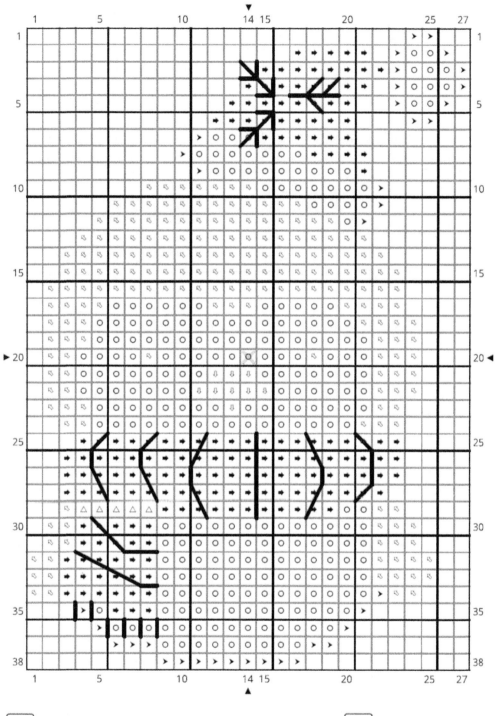

Size: 1.9" by 2.7"

Stitches: 27 by 38

Total Stitches: 738

Total Skeins: 6

Back Stitching

Hat Holly, Scarf Stripes & Scarf Fringe – Bright Green

➤	D04 (Tin DK) - Stitches: 37 - Skeins: 1		△	D700 (Bright Green) - Stitches: 60 - Skeins: 1
⏏	D310 (Black) - Stitches: 195 - Skeins: 1		⇩	D720 (Orange Spice DK) - Stitches: 9 - Skeins: 1
➡	D666 (Bright Red) - Stitches: 173 - Skeins: 1		O	DBLANC (White) - Stitches: 264 - Skeins: 1

Poinsettia

Finished size: 2.9" by 1.8"   **Stitches:** 41 by 25   **Total Stitches:** 616   **Total skeins:** 5

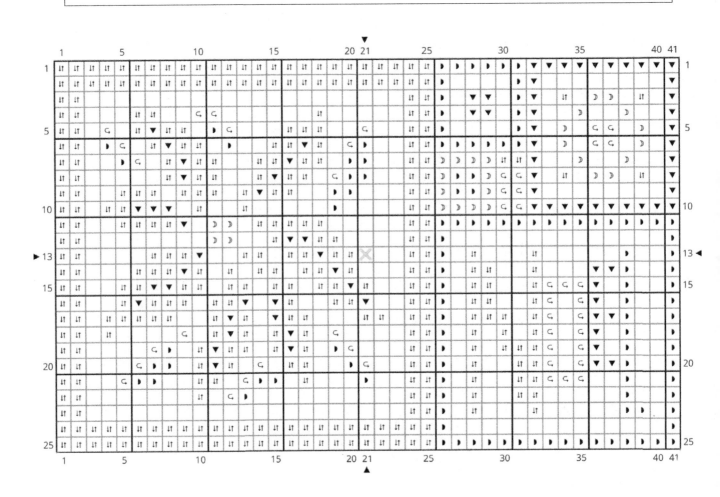

↥↧	D666 (Bright Red) - Stitches: 344 - Skeins: 1
▶	D700 (Bright Green) - Stitches: 117 - Skeins: 1
↻	D702 (Kelly Green) - Stitches: 45 - Skeins: 1
☽	D783 (Topaz MD) - Stitches: 28 - Skeins: 1
▼	D816 (Garnet) - Stitches: 82 - Skeins: 1

Small Christmas Tree

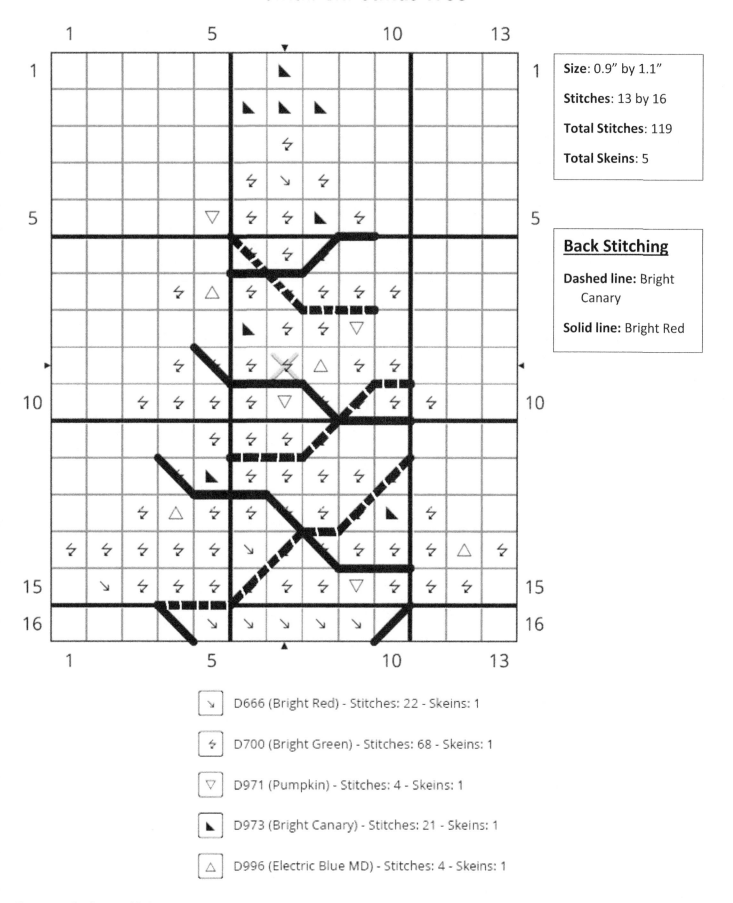

Size: 0.9" by 1.1"

Stitches: 13 by 16

Total Stitches: 119

Total Skeins: 5

Back Stitching

Dashed line: Bright Canary

Solid line: Bright Red

D666 (Bright Red) - Stitches: 22 - Skeins: 1

D700 (Bright Green) - Stitches: 68 - Skeins: 1

D971 (Pumpkin) - Stitches: 4 - Skeins: 1

D973 (Bright Canary) - Stitches: 21 - Skeins: 1

D996 (Electric Blue MD) - Stitches: 4 - Skeins: 1

Holly

Size: 1.5" by 1.1" **Stitches**: 21 by 16 **Total stitches**: 137 **Total skeins**: 4

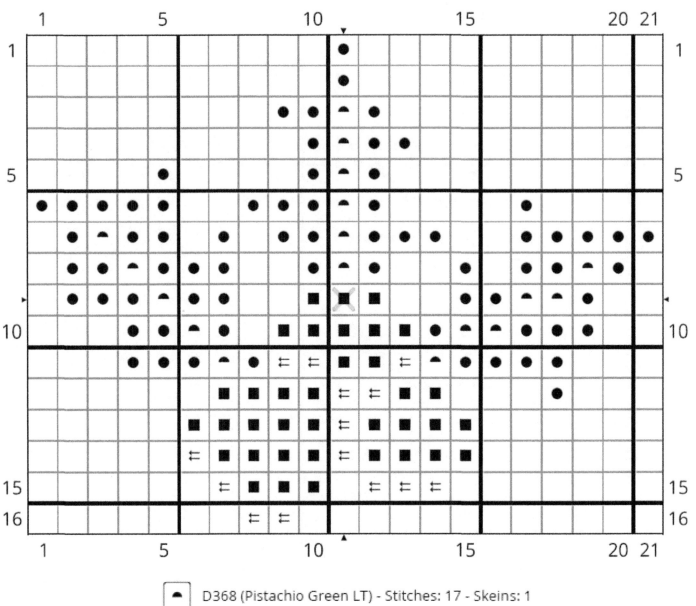

	D368 (Pistachio Green LT) - Stitches: 17 - Skeins: 1
	D498 (Red DK) - Stitches: 14 - Skeins: 1
	D666 (Bright Red) - Stitches: 36 - Skeins: 1
	D700 (Bright Green) - Stitches: 70 - Skeins: 1

Let It Snow

Size: 1.7" by 1.3"	**Stitches**: 24 by 18	**Total stitches**: 121	**Total skeins**: 2

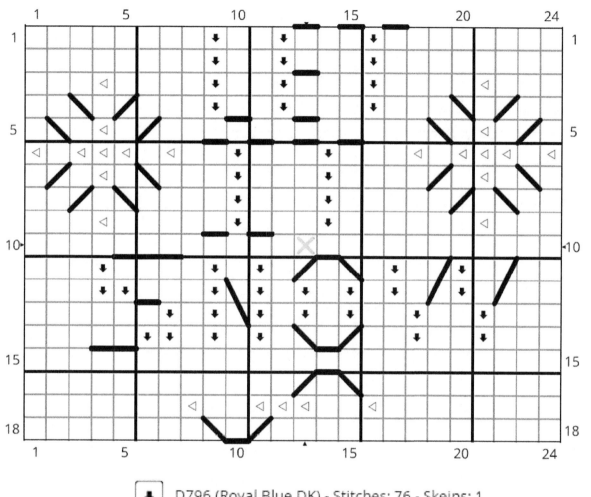

↓ D796 (Royal Blue DK) - Stitches: 76 - Skeins: 1

◁ D996 (Electric Blue MD) - Stitches: 45 - Skeins: 1

Backstitching

Let It Snow Lettering: Royal Blue MD

Snowflakes: Electric Blue MD

Merry and Bright

Size: 1.8" by 1.6" **Stitches**: 25 by 23 **Total stitches**: 163 **Total skeins**: 5

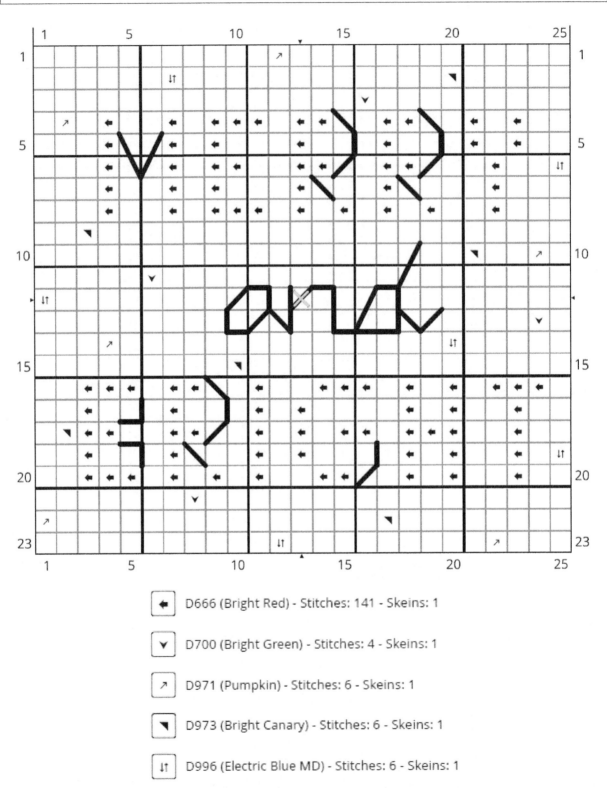

	D666 (Bright Red) - Stitches: 141 - Skeins: 1
	D700 (Bright Green) - Stitches: 4 - Skeins: 1
	D971 (Pumpkin) - Stitches: 6 - Skeins: 1
	D973 (Bright Canary) - Stitches: 6 - Skeins: 1
	D996 (Electric Blue MD) - Stitches: 6 - Skeins: 1

Backstitching: Bright Red

Merry Christmas

Size: 1.1" by 1.1"	**Stitches**: 15 by 15	**Total stitches**: 100	**Total skeins**: 2

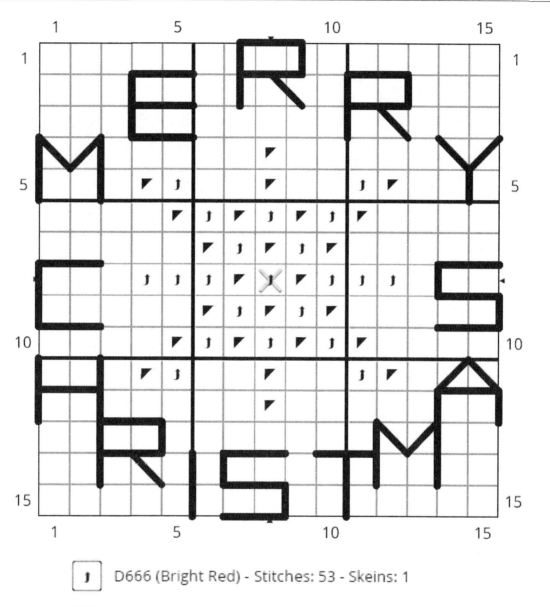

ʝ	D666 (Bright Red) - Stitches: 53 - Skeins: 1

◥	D700 (Bright Green) - Stitches: 47 - Skeins: 1

Backstitching

MERRY: Bright Red - E and second R   **Bright Green -** M, first R, and Y

CHRISTMAS: Bright Red - C, R, S, M, and S   **Bright Green -** H, I, T, and A

Peppermint

Size: 0.9" by 0.9"	**Stitches**: 12 by 12	**Total stitches**: 174	**Total skeins**: 3

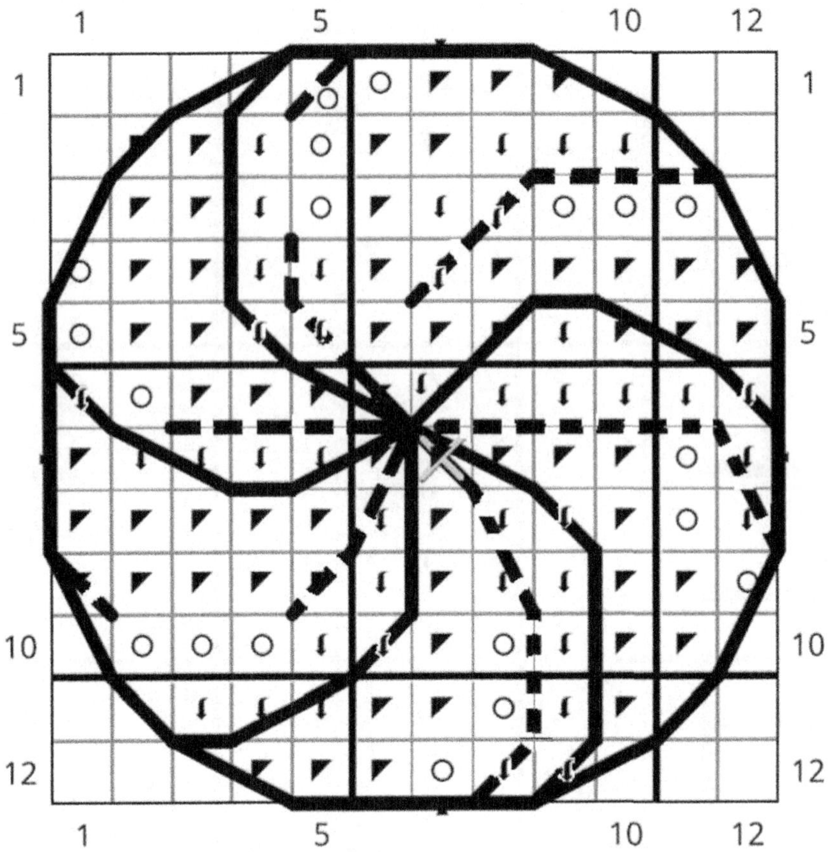

Symbol	Thread
◤	D666 (Bright Red) - Stitches: 97 - Skeins: 1
○	D700 (Bright Green) - Stitches: 34 - Skeins: 1
ɪ	DBLANC (White) - Stitches: 43 - Skeins: 1

Backstitching

Dotted line: Bright Green **Solid line**: Bright Red

Santa's Cookies

Size: 1.9" by 1.6"   **Stitches**: 27 by 23   **Total stitches**: 274   **Total skeins**: 7

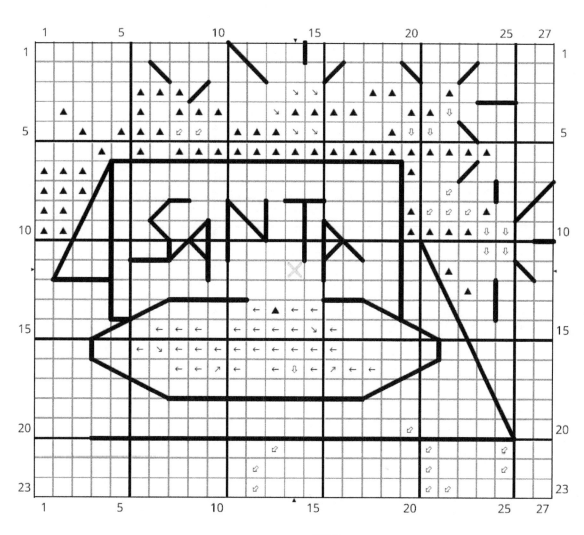

◀ D310 (Black) - Stitches: 30 - Skeins: 1

← D407 (Desert Sand DK) - Stitches: 28 - Skeins: 1

↘ D666 (Bright Red) - Stitches: 47 - Skeins: 1

▲ D700 (Bright Green) - Stitches: 95 - Skeins: 1

⇩ D971 (Pumpkin) - Stitches: 8 - Skeins: 1

↗ D973 (Bright Canary) - Stitches: 21 - Skeins: 1

⇗ D996 (Electric Blue MD) - Stitches: 45 - Skeins: 1

Backstitching

Tablecloth: Electric Blue MD   **Santa's Place Card:** Bright Red

"Shine": Bright Canary   **Cookie Plate:** Bright Green   **"Santa":** Black

Candles

Size: 1" by 1.3"	**Stitches**: 14 by 18	**Total stitches**: 131	**Total skeins**: 7

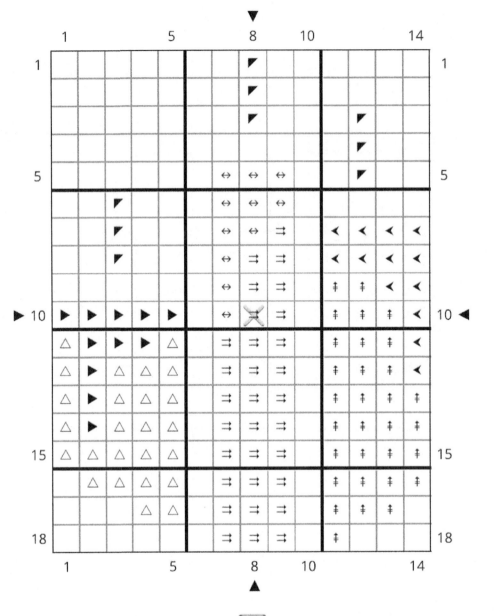

▶ D31 (Blueberry) - Stitches: 11 - Skeins: 1

⇨ D307 (Lemon) - Stitches: 9 - Skeins: 1

⇉ D498 (Red DK) - Stitches: 31 - Skeins: 1

↔ D666 (Bright Red) - Stitches: 11 - Skeins: 1

△ D796 (Royal Blue DK) - Stitches: 25 - Skeins: 1

◀ D827 (Blue VY LT) - Stitches: 13 - Skeins: 1

‡ D995 (Electric Blue DK) - Stitches: 31 - Skeins: 1

Jingle Bells

Size: 0.9" by 1"	Stitches: 13 by 14	Total stitches: 92	Total skeins: 3

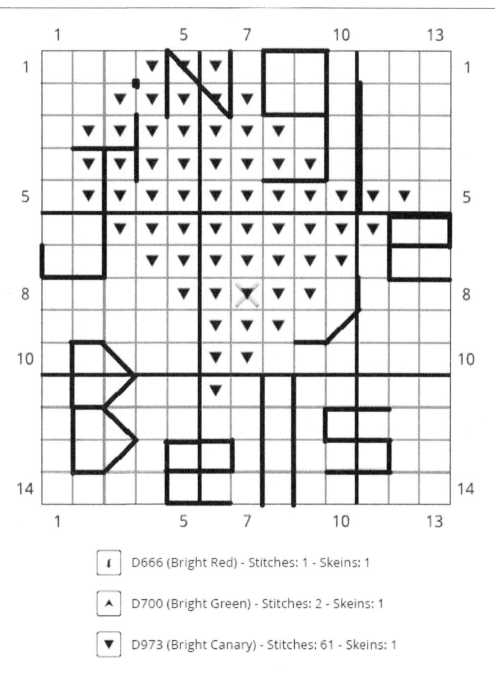

	D666 (Bright Red) - Stitches: 1 - Skeins: 1
	D700 (Bright Green) - Stitches: 2 - Skeins: 1
	D973 (Bright Canary) - Stitches: 61 - Skeins: 1

Backstitching

Bright Red: *Jingle* - The 'J', 'n', and 'l'; *Bells* - The 'e' and second 'l'

Bright Green: *Jingle* - The 'I', 'g', and 'e'; *Bells* - The 'B', first 'l', and 's'

Noel

| **Size**: 0.9" by 0.9" | **Stitches**: 12 by 13 | **Total stitches**: 77 | **Total skeins**: 2 |

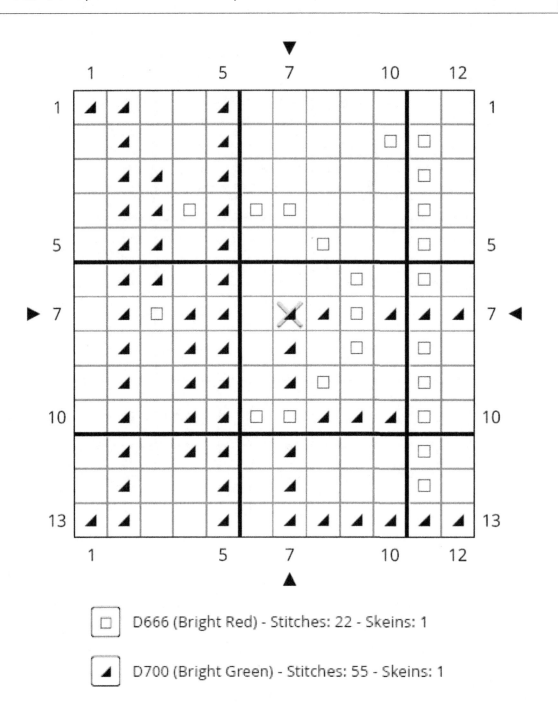

☐ D666 (Bright Red) - Stitches: 22 - Skeins: 1

◢ D700 (Bright Green) - Stitches: 55 - Skeins: 1

Candy Cane

Size: 1" by 1.4"	**Stitches**: 14 by 20	**Total stitches**: 140	**Total skeins**: 2

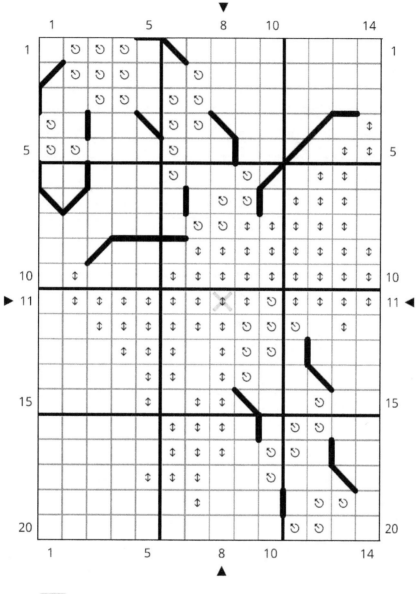

↺   D666 (Bright Red) - Stitches: 60 - Skeins: 1

↕   D700 (Bright Green) - Stitches: 80 - Skeins: 1

Backstitching

Around Candy Cane: Bright Red

Ribbon: Bright Green

Santa's Hat

Size: 1.6" by 1.6"   **Stitches**: 23 by 22   **Total stitches**: 127   **Total skeins**: 3

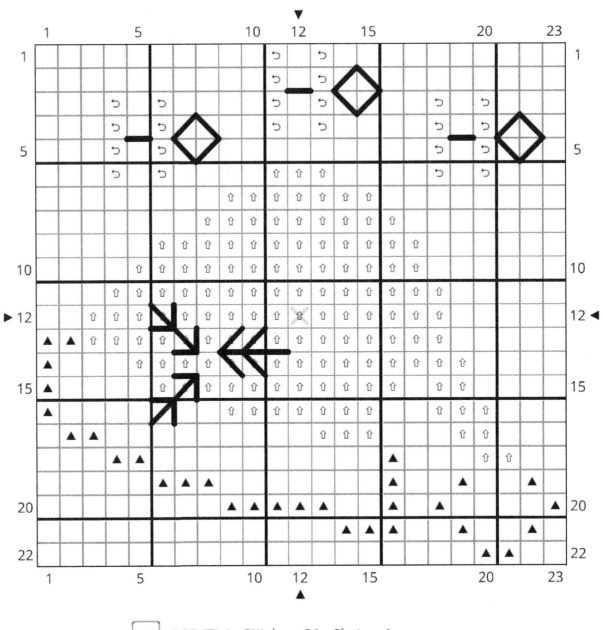

| ▲ | D02 (Tin) - Stitches: 31 - Skeins: 1 |

| ⇧ | D666 (Bright Red) - Stitches: 136 - Skeins: 1 |

| ↄ | D700 (Bright Green) - Stitches: 60 - Skeins: 1 |

Backstitching: Bright Green

Gnome

Size: 1" by 1.6"	**Stitches**: 15 by 23	**Total stitches**: 363	**Total skeins**: 7

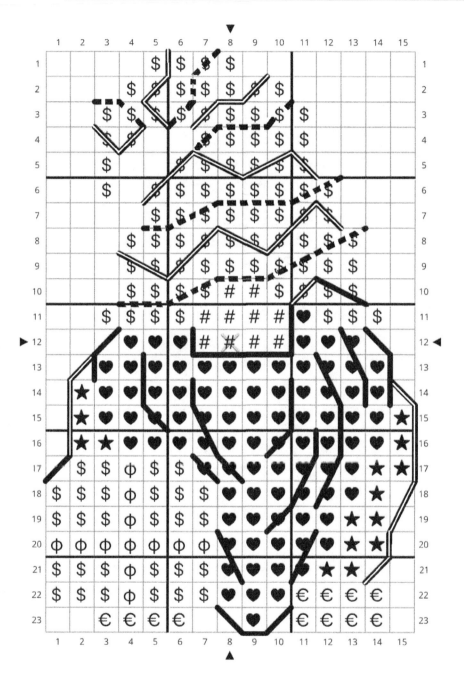

Back Stitching

■ ▪ : Bright Canary

═══ : Bright Green

2 stitches top left and top right of gift (solid line): Bright Red

Beard (solid line): Tin MD

♥	D01	White Tin	Stitches: 85 - Skeins: 1
%	D03	Tin MD	Stitches: 42 - Skeins: 1
φ	D307	Lemon	Stitches: 39 - Skeins: 1
€	D310	Black	Stitches: 12 - Skeins: 1

$	D666	Bright Red	Stitches: 116 - Skeins: 1
★	D700	Bright Green	Stitches: 59 - Skeins: 1
#	D945	Tawny	Stitches: 10 - Skeins: 1

Blue Snowflake

Size: 2" by 2"	**Stitches**: 28 by 28	**Total stitches**: 359	**Total skeins**: 1

★   D996   Electric Blue MD   Stitches: 359 - Skeins: 1

Backstitching: Electric Blue MD

Zuzu's Petals

Size: 1.6" by 1.9"   **Stitches**: 22 by 27   **Total stitches**: 303   **Total skeins**: 4

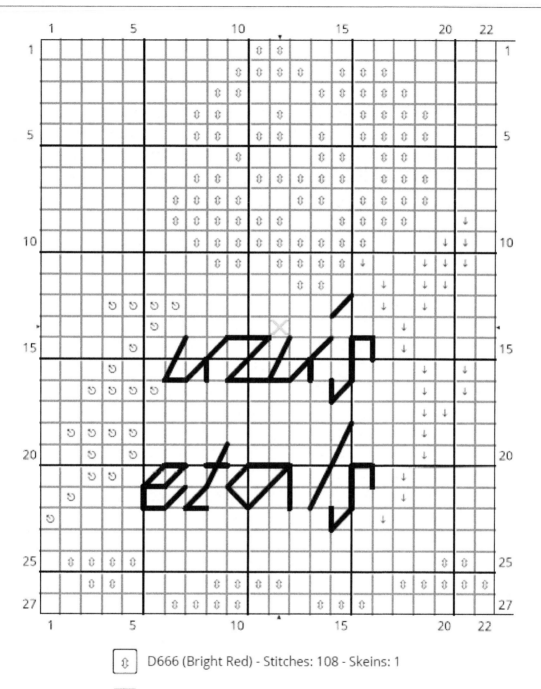

⇕	D666 (Bright Red) - Stitches: 108 - Skeins: 1
↓	D700 (Bright Green) - Stitches: 69 - Skeins: 1
↺	D796 (Royal Blue DK) - Stitches: 81 - Skeins: 1

Backstitching: Royal Blue DK

Section 2 – Christmas Plaid Alphabet

Fabric count: 14 count Aida

Total skeins: 2 colors

Floss type: DMC

Finished size: The finished letters are as close to 2" by 2" as possible. However, stitch count and finished sizes vary for each letter and are indicated with each letter's pattern.

DMC Embroidery Floss Color Codes

▯ D310 Black

▯ D666 Bright Red

◣ D310 Black and D666 Bright Red (see below)

For the Red/Black Stitches

Stitch in red and then backstitch them with a single strand of black.

OR

Use one strand of black and one strand of black.
This creates the desired result and saves time.

A – Finished size: 2" by 2", 657 Stitches

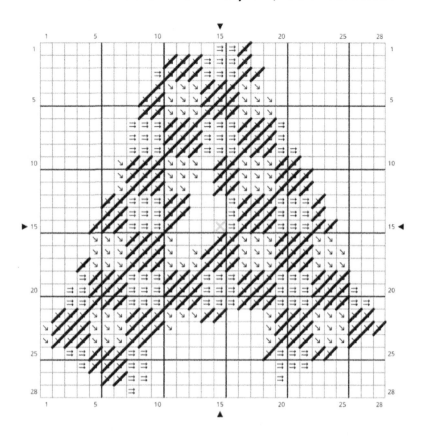

B – Finished size: 1.8" by 2", 949 Stitches

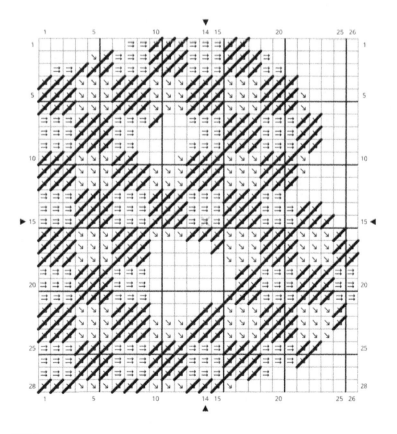

C – Finished size: 1.9" by 2", 796 Stitches

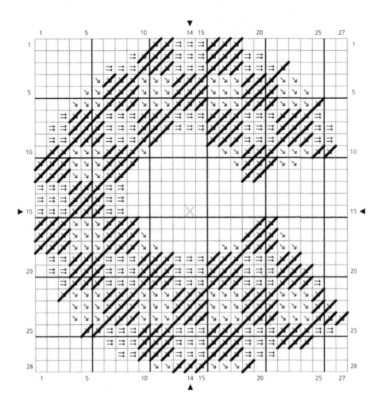

D – Finished size: 1.8" by 2", 949 Stitches

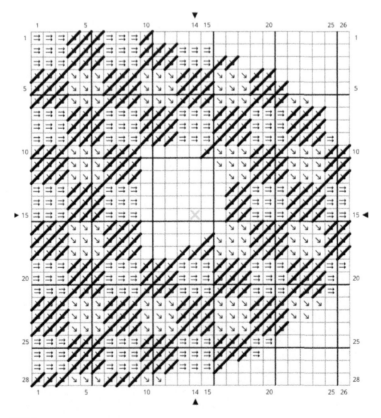

E – Finished size: 1.5" by 2", 711 Stitches

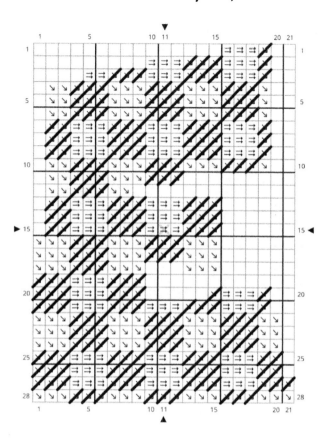

F – Finished size: 1.4" by 2", 552 Stitches

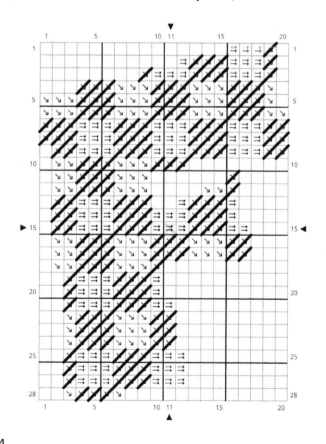

G – Finished size: 1.8" by 1.9", 766 Stitches

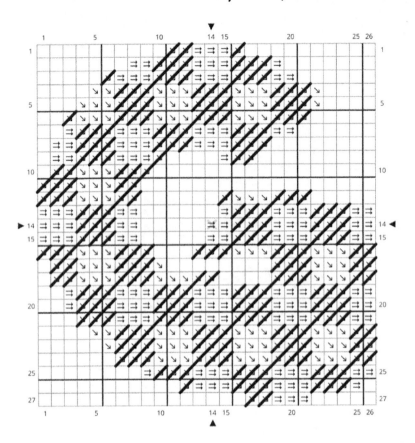

H – Finished size: 1.8" by 1.9", 743 Stitches

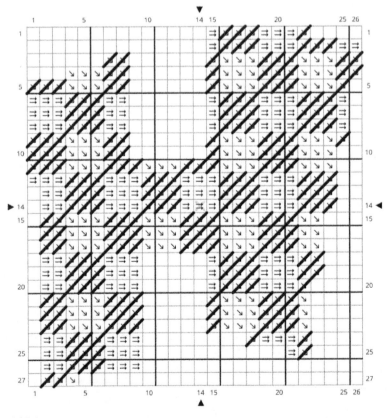

I – Finished size: 0.8" by 2", 390 Stitches

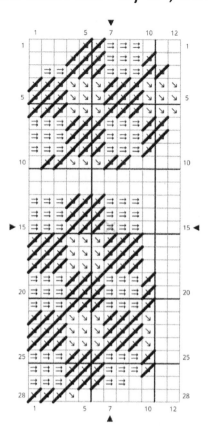

J – Finished size: 1.5" by 2", 546 Stitches

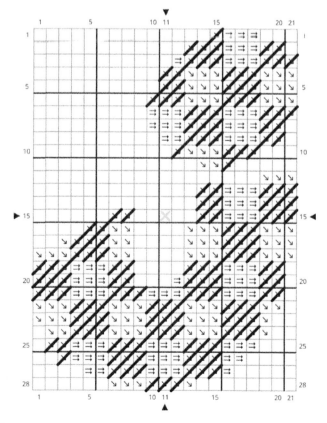

K – Finished size: 1.7" by 2", 780 Stitches

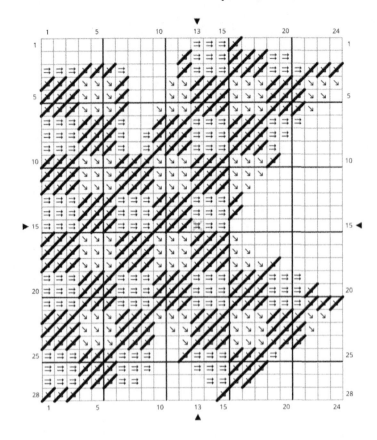

L – Finished size: 1.2" by 2", 557 Stitches

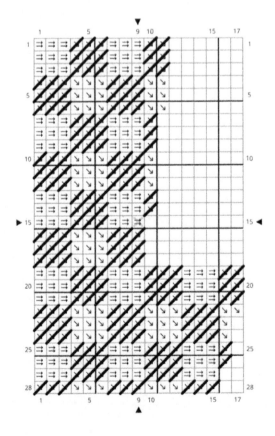

M – Finished size: 2" by 1.4", 559 Stitches

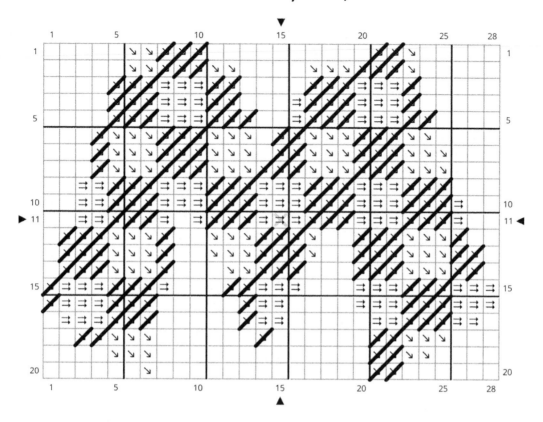

N – Finished size: 2" by 1.9", 909 Stitches

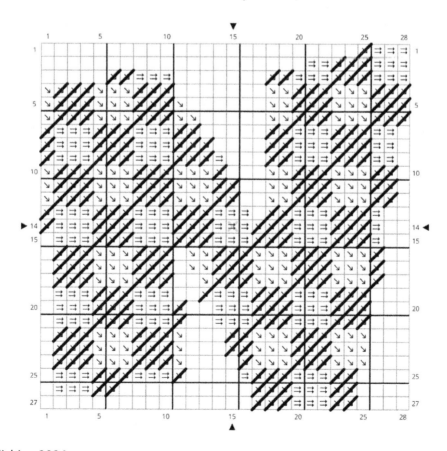

O – Finished size: 2" by 1.7", 791 Stitches

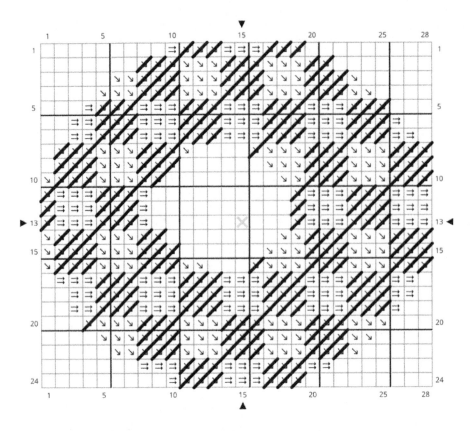

P – Finished size: 2" by 2", 907 Stitches

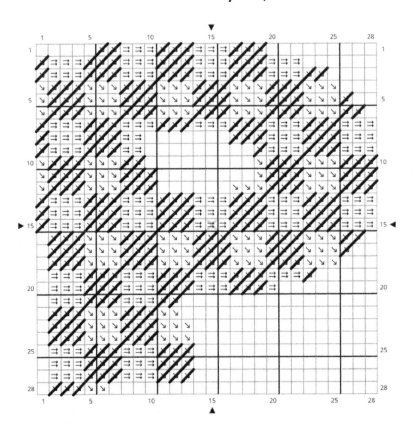

Q – Finished size: 2" by 2", 805 Stitches

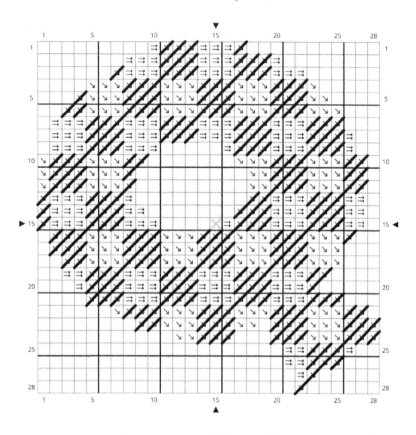

R – Finished size: 1.7" by 2", 823 Stitches

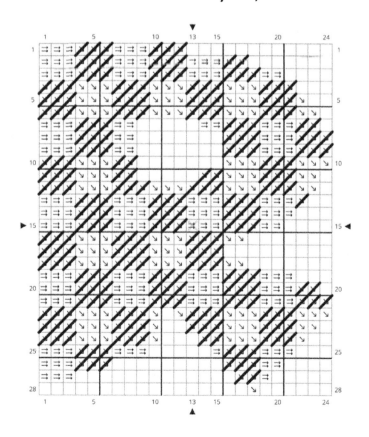

S – Finished size: 1.5" by 2", 660 Stitches

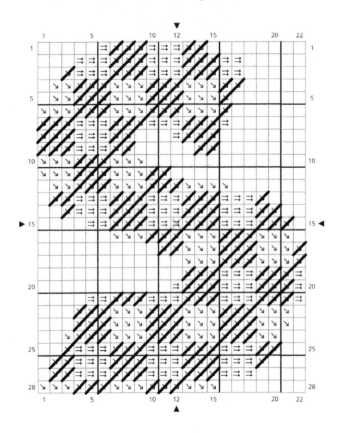

T – Finished size: 1.6" by 2", 568 Stitches

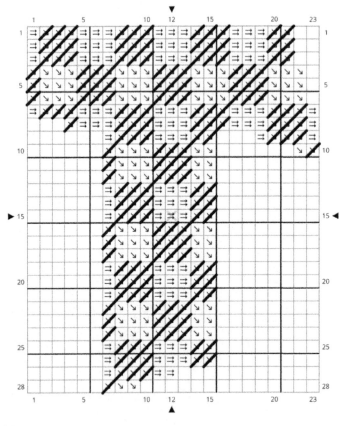

U – Finished size: 2" by 2", 903 Stitches

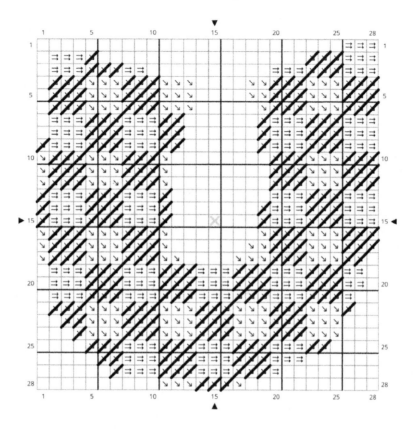

V – Finished size: 2" by 2", 747 Stitches

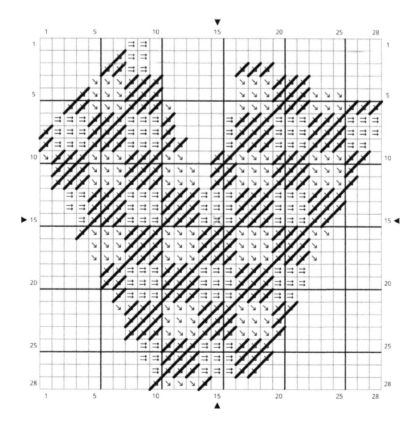

W – Finished size: 2" by 1.2", 502 Stitches

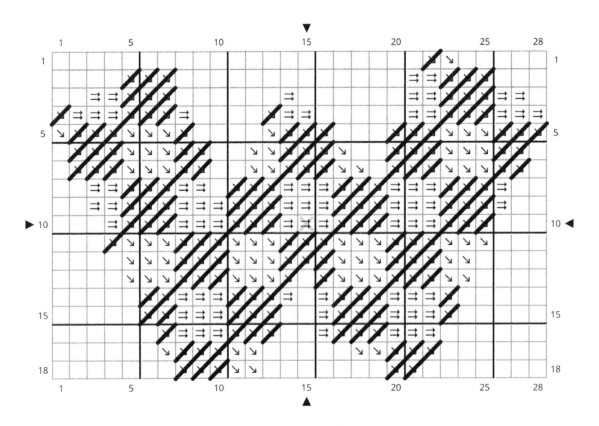

X – Finished size: 2" by 2", 810 Stitches

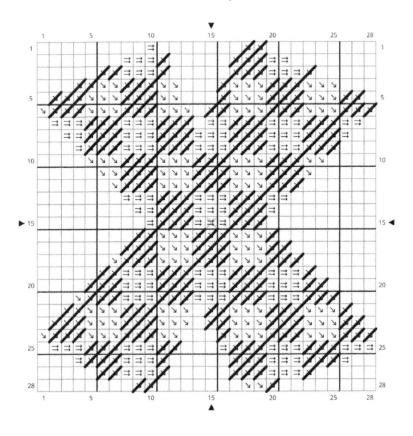

Y – Finished size: 1.7" by 2", 549 Stitches

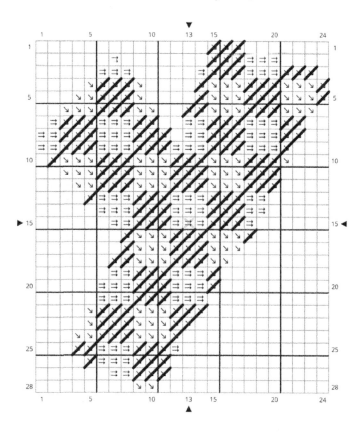

Z – Finished size: 1.7" by 2", 785 Stitches

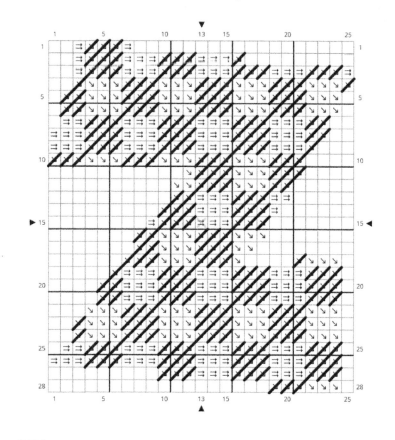

About the Author

Kay Goodnight enjoys crafts of all kinds like cross stitch, jewelry making, and, of course, writing books for children. She has published several books for middle grade children including PETDEMONIUM, MISTWIZZLED, and SIDEWAYS WISHES.   And for younger readers, eight books in THE ADVENTURES OF PB AND JAY.

Printed in Great Britain
by Amazon

47881169R00024